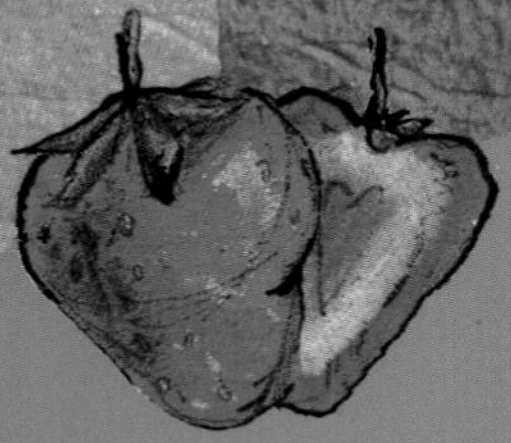

# *Milet*
# Picture
# Dictionary
## English·Urdu

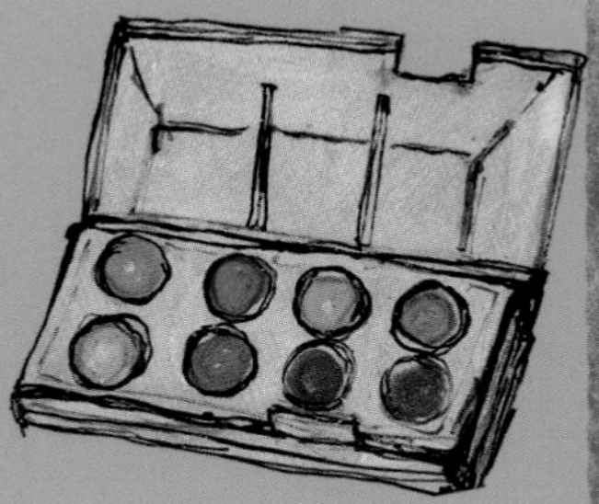

Milet Publishing Ltd
6 North End Parade
London W14 OSJ
England
Email info@milet.com
Website www.milet.com

First published by Milet Publishing Ltd in 2003

Text © Sedat Turhan 2003
Illustrations © Sally Hagin 2003
© Milet Publishing Ltd 2003

ISBN 1840593628

Printed in Belgium

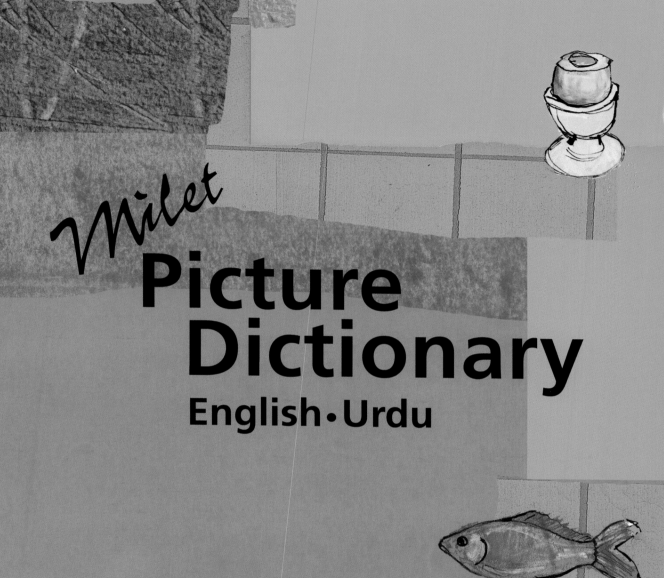

# *Milet*
# Picture
# Dictionary
## English•Urdu

Text by **Sedat Turhan**

Illustrations by **Sally Hagin**

# COLOURS/COLORS

رَنگ

**red**
سُرخ / لال

**orange**
نارنجی

**yellow**
پیلا / زرد

**green**
ہرا / سبز

**blue**
نیلا

**purple**
ارغوانی / بینگنی / اُودا / جامنی

**grey**
بھورا / خاکی

**pink**
گلابی / پیازی

**black**
کالا / سیاہ

**white**
سفید

# PLANTS

پودے

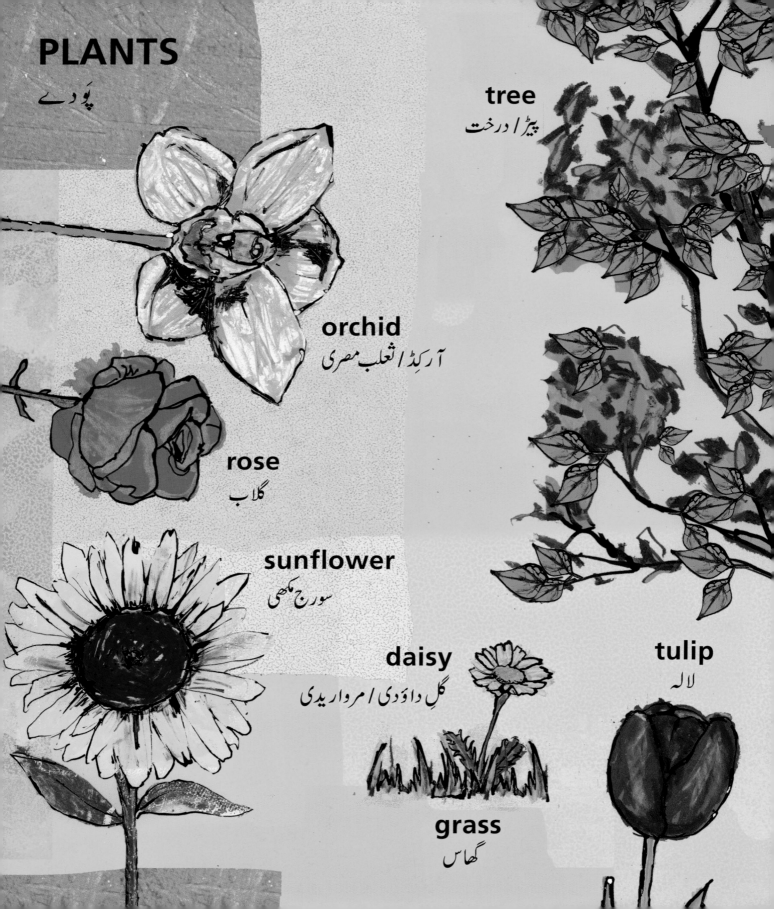

tree
پیڑ / درخت
orchid
آرکِڈ / ثعلب مصری
rose
گلاب
sunflower
سورج مکھی
daisy
گلِ داؤدی / مرواریدی
tulip
لالہ
grass
گھاس

**lily**
سوسن

**daffodil**
آبی نرگس

**branch**
شاخ

**leaf**
پتّی / پتّہ

**watering can**
پَودوں کو پانی دینے کا برتن

**cactus**
ناگ پھنی

**plant pot**
گملا

# FRUIT

پھل

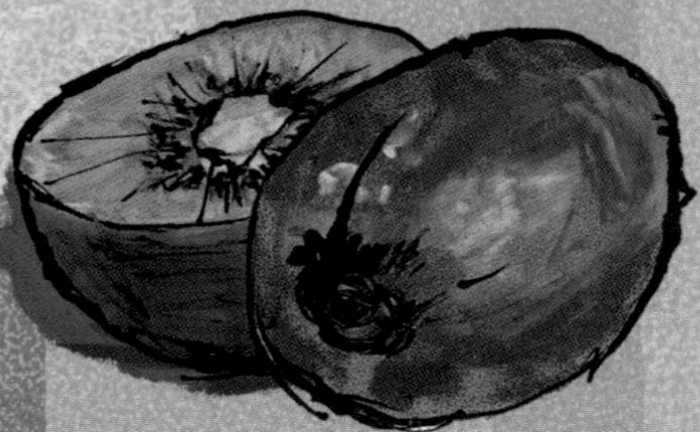

**cherry**
چیری

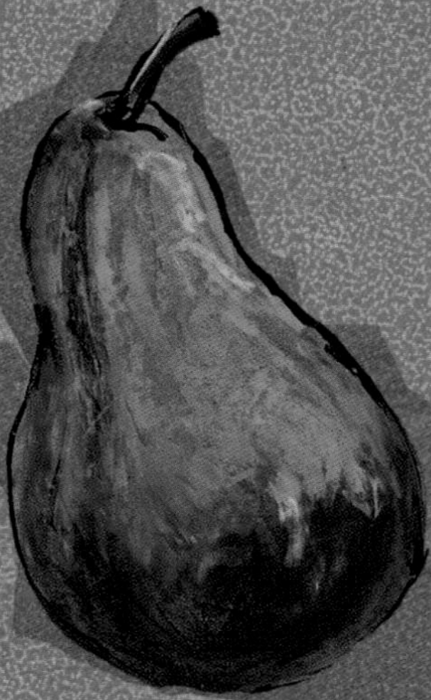

**kiwi**
کیوی

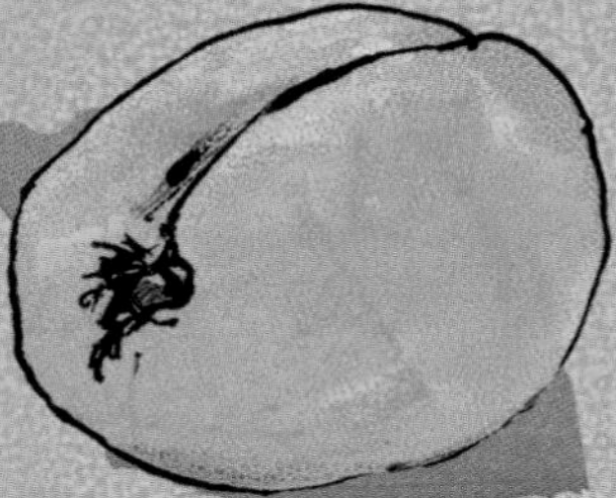

**apricot**
خوبانی

**pear**
ناشپاتی

**fig**
انجیر

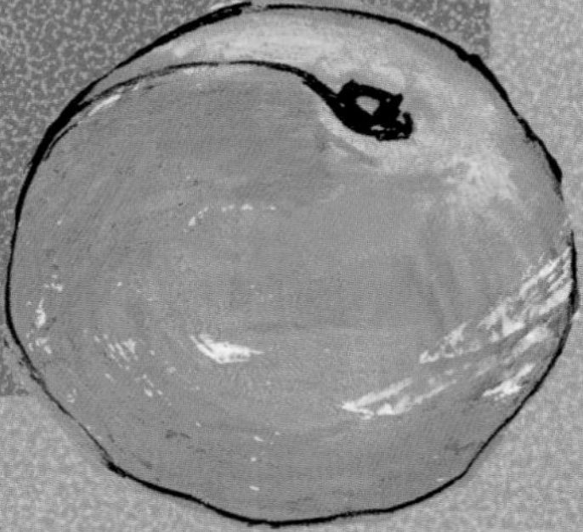

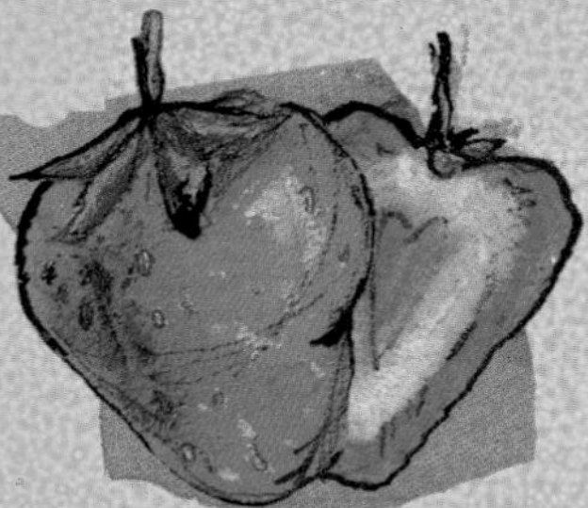

**strawberry**
اسٹرابیری

**peach**
آڑو

**banana**
کیلا

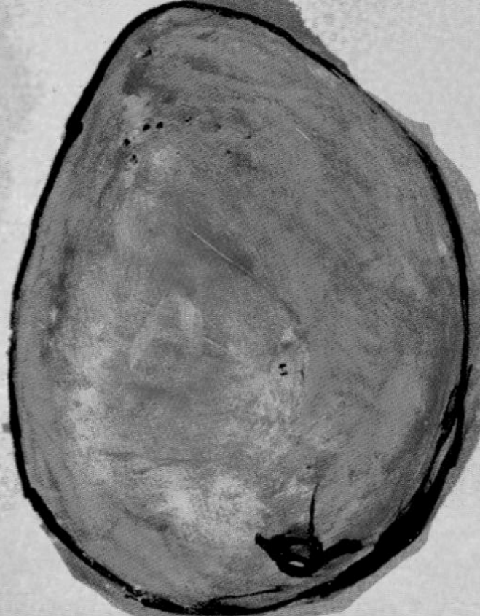

**mango**
آم

orange
نارنجی
apple
سیب
blueberry
بلیو بیری
lemon
لیمو
grapes
انگور
avocado
اووکاڈو / مگرناشپاتی
raspberry
رس بھری
grapefruit
گریپ فروٹ / چکوترا
pineapple
انناس

# ANIMALS

جانور

lion

ببر شیر

zebra

زیبرا / گورخر

giraffe

زِراف

tiger

شیر

elephant

ہاتھی

**penguin**

پینگوئن / بطریق

**duck**

بطخ

**polar bear**

سفید ریچھ / برفانی ریچھ

**cow**

گائے

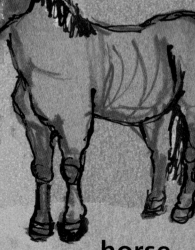

**rooster**

مرغا

**sheep**

بھیڑ

**goat**

بکری

**horse**

گھوڑا

# ANIMALS & INSECTS

جانور اور حشرات

**dog**
کتا

**cat**
بلّی

**bird**
چڑیا / پرندہ

**rabbit**
خرگوش

**frog**
مینڈک

**crab**
کیکڑا

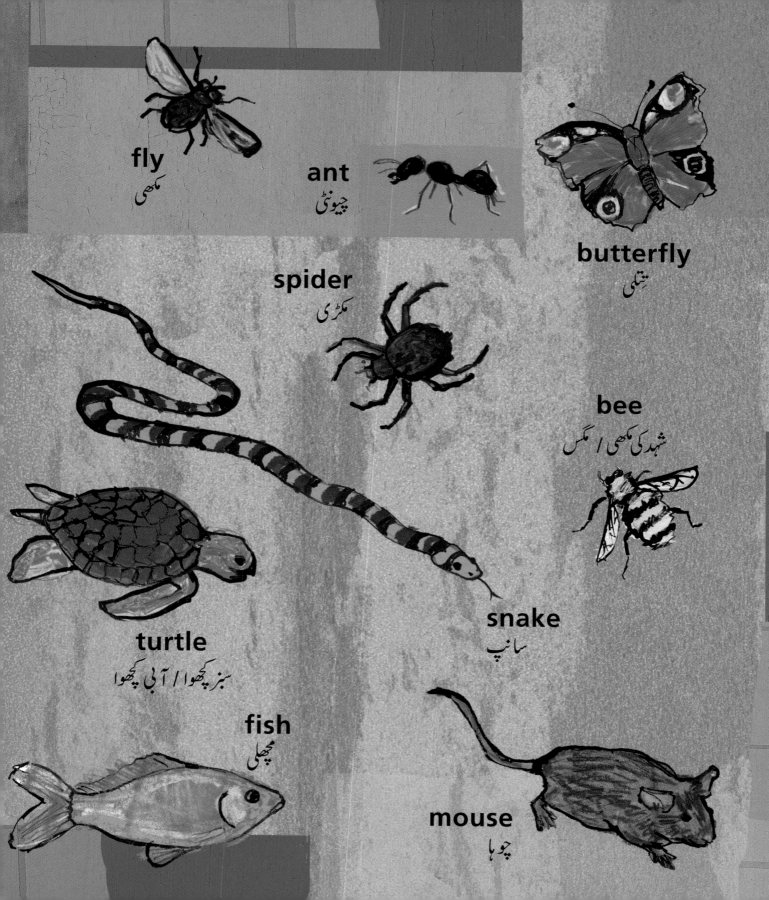

**fly**
مکھی

**ant**
چیونٹی

**butterfly**
تِتلی

**spider**
مکڑی

**bee**
شہد کی مکھی / مگس

**snake**
سانپ

**turtle**
سبز کچھوا / آبی کچھوا

**fish**
مچھلی

**mouse**
چوہا

# HUMAN BODY
انسانی جسم

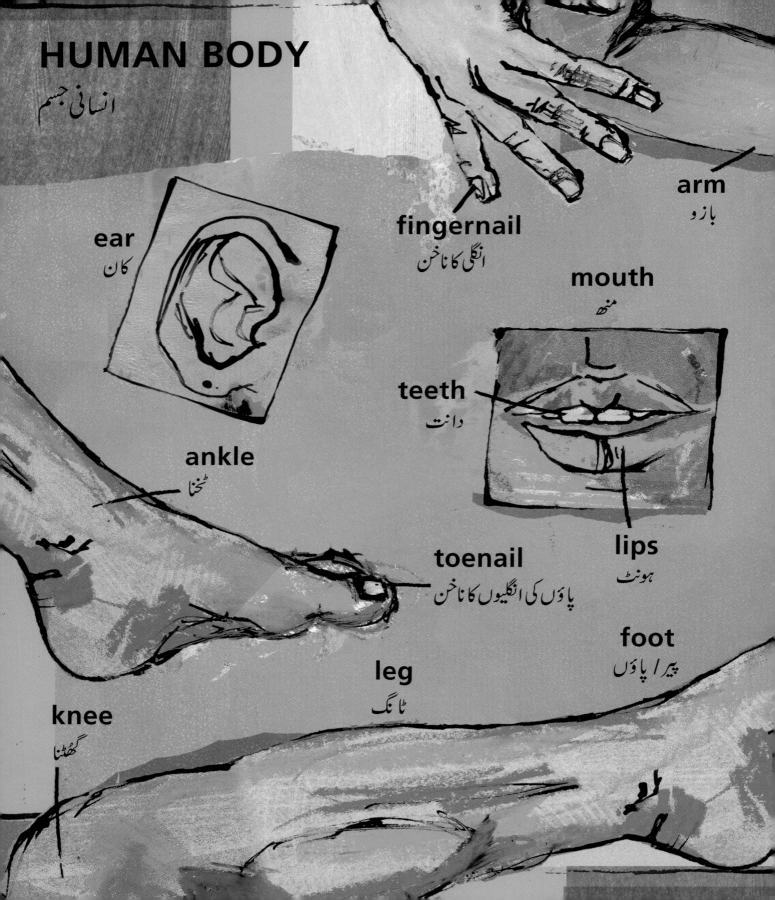

**arm**
بازو

**fingernail**
انگلی کا ناخن

**ear**
کان

**mouth**
منھ

**teeth**
دانت

**ankle**
ٹخنا

**toenail**
پاؤں کی انگلیوں کا ناخن

**lips**
ہونٹ

**foot**
پیر / پاؤں

**leg**
ٹانگ

**knee**
گھٹنا

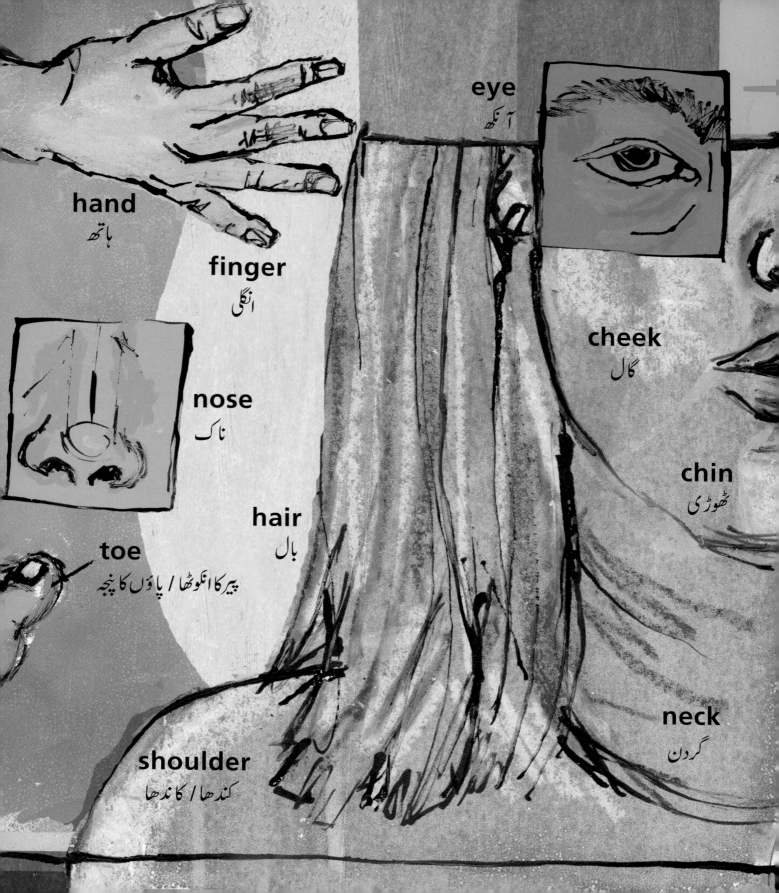

**hand**
ہاتھ

**finger**
انگلی

**nose**
ناک

**toe**
پیر کا انگوٹھا / پاؤں کا پنجہ

**hair**
بال

**shoulder**
کندھا / کاندھا

**eye**
آنکھ

**cheek**
گال

**chin**
ٹھوڑی

**neck**
گردن

# HOUSE & LIVING ROOM

گھر اور بیٹھک

roof

چھت

chimney

چمنی / آتشدان

house

گھر / مکان

door

دروازہ

armchair

ہتھ کرسی

key

چابی / کنجی

candle

موم بتّی

light bulb

لائٹ بلب

**picture**

تصویر

**bookshelf**

بک شیلف / کتابوں کی الماری

**cabinet**

کپ بورڈ / کیبینٹ

**window**

کھڑکی

**curtain**

پردہ / چلمن

**vase**

پھول دان / گل دان

**sofa**

صوفہ / آرام کرسی

**lamp**

لیمپ

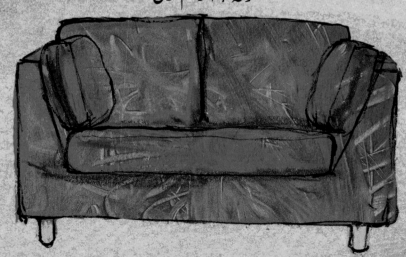

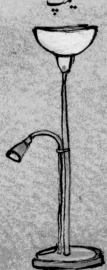

**side table**

بغلی میز

# KITCHEN

باورچی خانہ

bowl
پیالہ
glass
گلاس
refrigerator
ریفریجریٹر / فرج / خنک ساز
plate
پلیٹ / رکابی
napkin
نیپ کِن / دست مال
teapot
ٹی پاٹ / چائے دانی
cup
کپ / پیالہ
table
میز
chair
کرسی

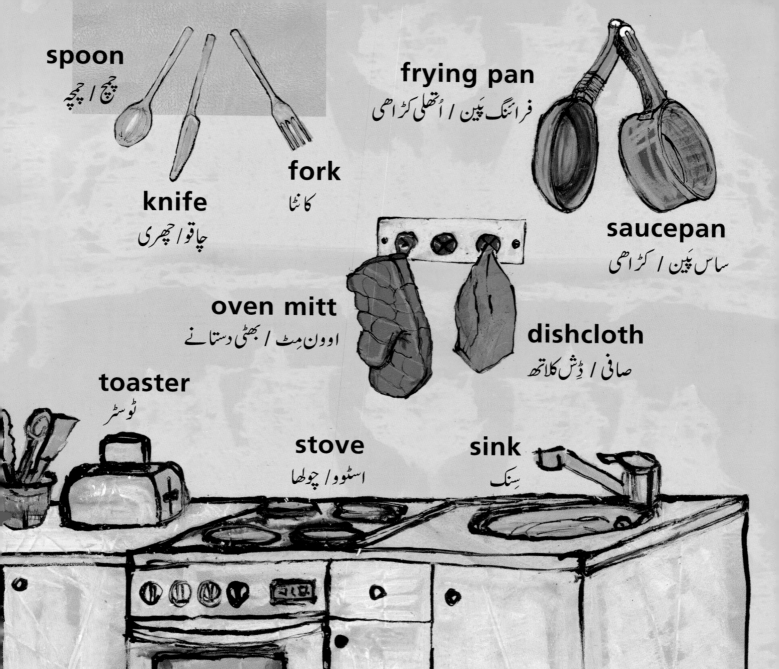

**spoon**
چمچ / چمچہ

**knife**
چاقو / چھری

**fork**
کانٹا

**frying pan**
فرائنگ پَین / اُتھلی کڑاھی

**saucepan**
ساس پَین / کڑاھی

**oven mitt**
اوون مِٹ / بھٹی دستانے

**dishcloth**
صافی / ڈِش کلاتھ

**toaster**
ٹوسٹر

**stove**
اسٹوو / چولھا

**sink**
سِنک

**oven**
اووَن / بھٹی / تنور

# VEGETABLES
سبزیاں

**potato**
آلو

**green bean**
سبز پھلی

**mushroom**
مش روم / کھمبی

**carrot**
گاجریں

**asparagus**
ایسپیریگس / مارچوب

**onion**
پیاز

**pumpkin**
گول کدو

**peas**
مٹر

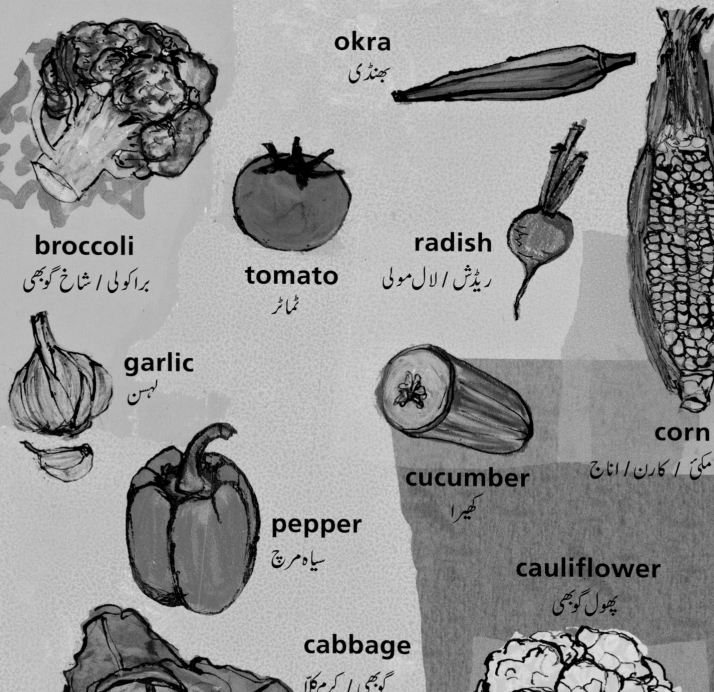

**okra**
بھنڈی

**broccoli**
براکولی / شاخ گوبھی

**tomato**
ٹماٹر

**radish**
ریڈش / لال مولی

**corn**
مکئ / کارن / اناج

**garlic**
لہسن

**cucumber**
کھیرا

**pepper**
سیاہ مرچ

**cauliflower**
پھول گوبھی

**cabbage**
گوبھی / کرم کلّا

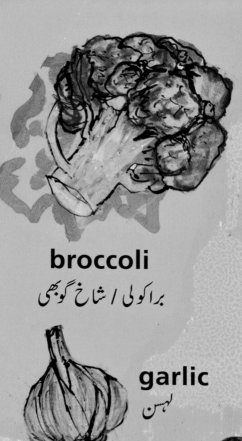

# FOOD

غذائی اشیاء

**sandwich**

سینڈوِچ

**bread**

بریڈ / ڈبل روٹی

**cheese**

چیز / پنیر

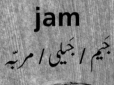

**milk**

دودھ

**butter**

مکھن

**jam**

جیم / جیلی / مربّہ

**honey**

شہد

**egg**

انڈہ

**cereal**
سیریل / اناج دانہ

**raisins**
کشمش

**oil**
تیل

**fries**
فرنچ فرائز

**spaghetti**
اسپیگیٹی / موٹی سویّاں

**fruit juice**
فروٹ جوس / پھلوں کا رس

**chocolate**
چاکلیٹ

**cake**
کیک

**ice cream**
آئس کریم

# BATHROOM

غسل خانہ

**mirror**

آئینہ

**towel**

تولیہ

**sink**

سِنک / چلمچی

**toilet paper**

ٹوائیلٹ پیپر

**toilet**

ٹوائیلٹ / بیت الخلا

**bathroom cabinet**

باتھ روم کیبینٹ / غسل خانے کی الماری

**potty**

پاٹی / بچوں کے لیے اجابتی برتن

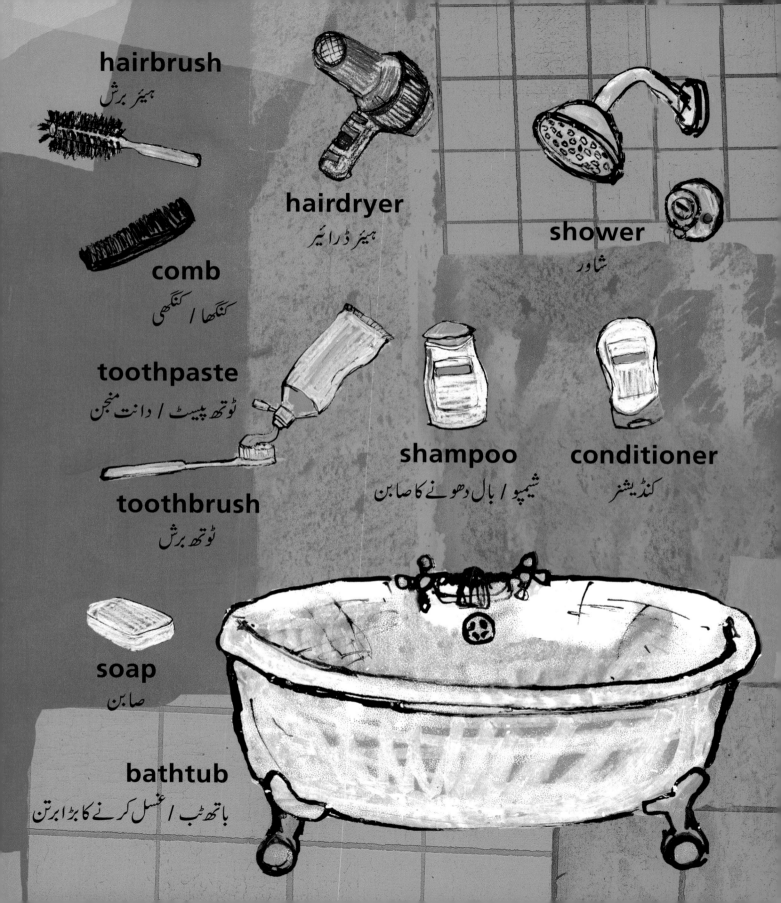

**hairbrush**
ہیئر برش

**hairdryer**
ہیئر ڈرائیر

**shower**
شاور

**comb**
کنگھا / کنگھی

**toothpaste**
ٹوتھ پیسٹ / دانت منجن

**shampoo**
شیمپو / بال دھونے کا صابن

**conditioner**
کنڈیشنر

**toothbrush**
ٹوتھ برش

**soap**
صابن

**bathtub**
باتھ ٹب / غسل کرنے کا بڑا برتن

# BEDROOM

سونے کا کمرہ

**bed**

بیڈ / پلنگ

**alarm clock**

الارم کلاک / گجر گھڑی

**bedside table**

بیڈ سائڈ ٹیبل / پلنگ کے ساتھ کی میز

**hanger**

ہینگر / کپڑے ٹانگنے کی لٹکن

**rug**

چھوٹا قالین

**wardrobe**

وارڈروب / کپڑوں کی الماری

**pillow**

تکیہ

**bed cover**

پلنگ پوش

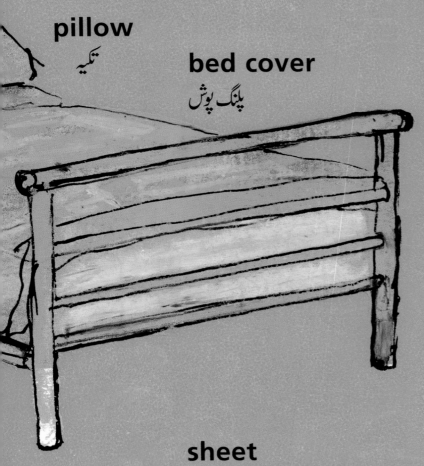

**blanket**

بلینکیٹ / کمبل

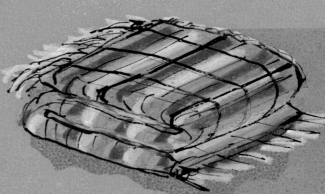

**sheet**

چادر

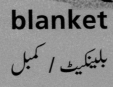

# CLOTHING

کپڑے

umbrella

چھتری

button

بٹن

gloves

دستانے

T-shirt

ٹی شرٹ

عینک / چشمہ

boxer shorts

باکسر شارٹس / جانگیہ

underpants

انڈر پینٹس / جانگیہ / کچھا

hat

ہیٹ / ٹوپ

sweater

جمپر / سوئیٹر

jacket

جیکٹ / آستین دار صدری

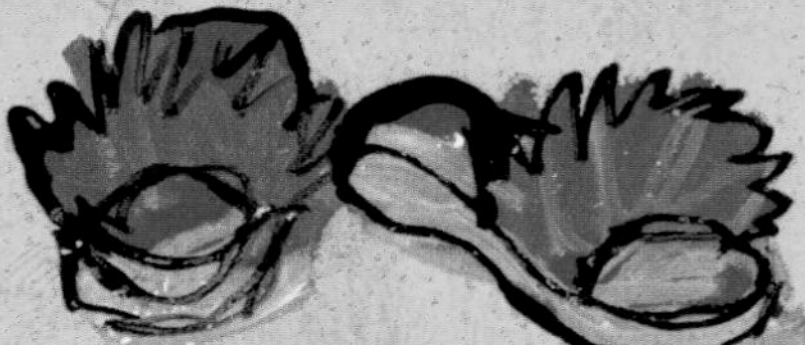

slippers

سلیپر

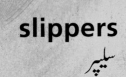

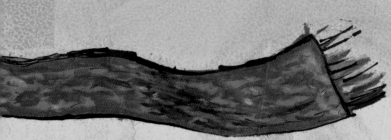

**scarf**

اسکارف / گلوبند

**backpack**

پُشتی تھیلا / سفری سامان کا تھیلا

**skirt**

اسکرٹ / سایا

**shirt**

شرٹ / قمیض

**handbag**

ہینڈ بیگ / دستی تھیلا

**socks**

موزے

**belt**

بیلٹ / پیٹی

**jeans**

جینز

**shoes**

شوز / جوتے

**pyjamas**

پائجاماز / رات کو پہننے کے کپڑے

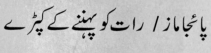

**shorts**

شارٹس / نیکر

# COMMUNICATIONS

آلاتِ ترسیل پیغام

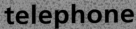

**telephone**

ٹیلیفون

**television**

ٹیلی وژن

**DVD player**

ڈی وی ڈی پلیئر

**video recorder**

وِڈیو ریکارڈر

**remote control**

ریموٹ کنٹرول

**stereo**

اسٹیریو

**camera**

کیمرہ

**video camera**

وڈیو کیمرہ

# TOOLS
اوزار

**screwdriver**
اسکریو ڈرائیور / پیچ کش

**screw**
اسکریو / پیچ

**stepladder**
اسٹیپ لیڈر / چھوٹی سیڑھی

**saw**
ہینڈ سا / دستی آری

**nail**
کیل

**drill**
الیکٹرک ڈرل / برقی برما

**hammer**
ہتھوڑا / ہتھوڑی

**shovel**
پھاوڑا

**vacuum cleaner**
ویکیوم کلینز

**paint**
پینٹ اور برش

# SCHOOL & OFFICE

اسکول اور دفتر

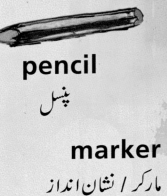

**pencil**

پنسل

**marker**

مارکر / نشان انداز

**glue stick**

گلواسٹک / گوند چھڑی

**book**

کتاب

**stamp**

اسٹیمپ / ڈاک ٹکٹ

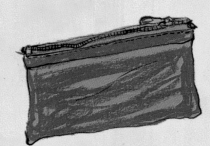

**pencil case**

پنسل کیس

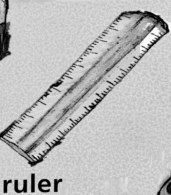

**ruler**

رولر / لکیر کش / پیمانہ

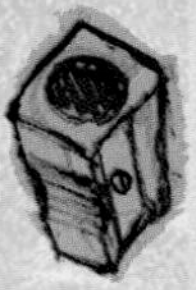

**pencil sharpener**

پنسل شارپنر / پنسل تراش

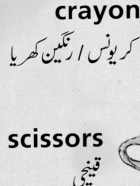

**crayon**

کریونس / رنگین کھریا

**globe**

گلوب / ارض نما کرّہ

**scissors**

قینچی

**calculator**

کیلکولیٹر

**stapler**

اسٹیپلر

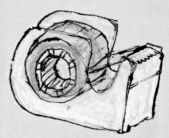

**tape**

ٹیپ

**paints**

پینٹس / تصویر سازی کے رنگ

**paintbrush**

پینٹ برش

**pen**

قلم

**envelope**

لفافہ

**computer**

کمپیوٹر

**desk**

ڈیسک / میز

**notebook**

نوٹ بک / بیاض

# NUMBERS

اعداد

1
one
ایک

2
two
دو

3
three
تین

4
four
چار

5
five
پانچ

6
six
چھ

7
seven
سات

8
eight
آٹھ

9
nine
نَو

10
ten
دَس

# SHAPES

اشکال

**hexagon**

مسدّس

**rectangle**

مستطیل

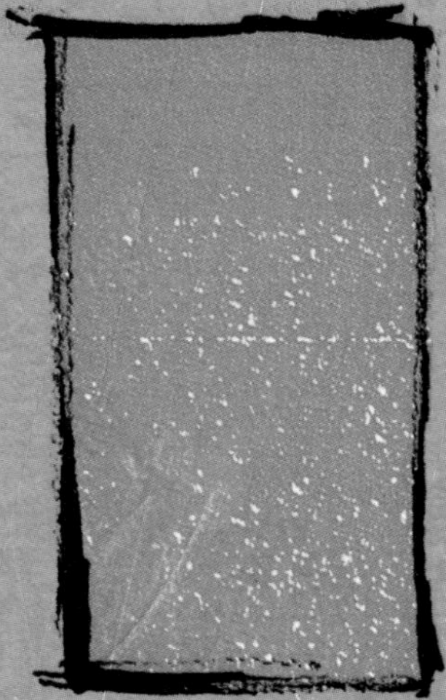

**square**

اسکوائر / مربع

**oval**

بیضوی

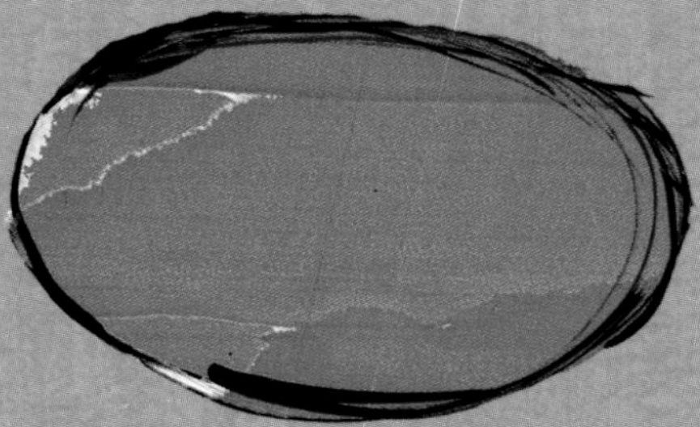

**circle**

سرکل / دائرہ

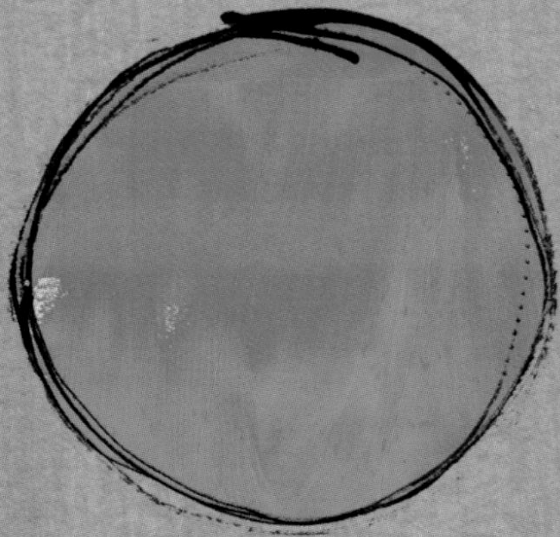

**triangle**

مثلث / تکون

**octagon**

مثمّن

# MUSICAL INSTRUMENTS

آلاتِ موسیقی

**flute**

فلیوٹ

**guitar**

گٹار

**violin**

وائلِن

**saxophone**

سیکسافون

**bongos**

چھوٹے طبلوں کی جوڑی

clarinet
کلیرینٹ

drums
ڈرمز / ڈھول

piano
پیانو

trumpet
ٹرمپٹ / ترّم

xylophone
زائیلوفون

# SPORTS & GAMES

کھیل اور مشاغل

**skateboard**

اسکیٹ بورڈ

**video games**

وِڈیو گیمز

**cards**

تاش

**football /
soccer ball**

فٹبال / ساکربال

**ice skates**

آئس اسکیٹس

**rollerblades**

رولر بلیڈز

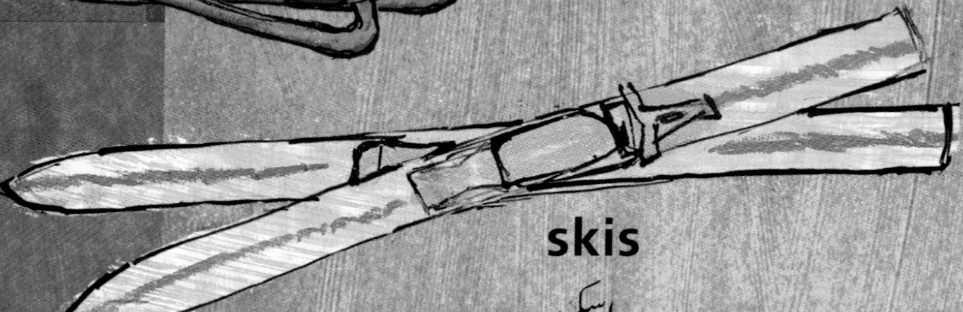

**skis**

اسکیز

### chess
شطرنج

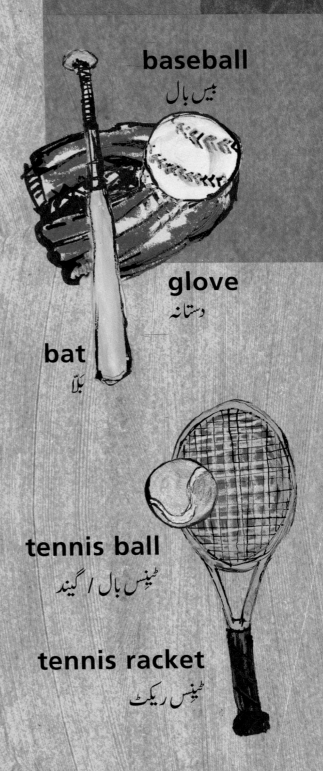

### baseball
بیس بال

### glove
دستانہ

### bat
بلّا

### basketball
باسکٹ بال

### American football
امریکن فٹبال

### tennis ball
ٹینِس بال / گیند

### tennis racket
ٹینِس ریکٹ

### cricket ball
کرکٹ بال / گیند

### cricket bat
کرکٹ بیٹ / بلّا

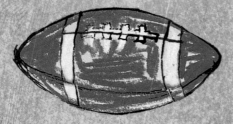

# TRANSPORTATION

رسائل سفر

**boat**

بوٹ / کشتی

**bicycle**

بائیسکل

**train**

ٹرین / ریل گاڑی

**car**

کار

**motorcycle**

موٹرسائیکل

**ambulance**

ایمبولنس / مریض گاڑی

**helicopter**

ہیلی کاپٹر

**plane**

پلین / ہوائی جہاز

**fire engine**

فائرانجن

**bus**

بس

**truck**

لاری / ٹرک

**tractor**

ٹریکٹر

# SEASIDE

ساحلِ سمندر

**ball**

گیند

**sky**

آسمان

**beach towel**

بیچ ٹاول / بڑی تولیہ

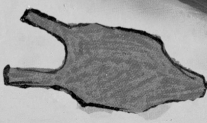

**swimsuit**

پیرا کی لباس

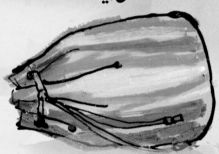

**beach bag**

بیچ بیگ

**sunglasses**

دھوپ چشمہ / عینک

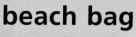

**sunscreen**

سَن اسکرین

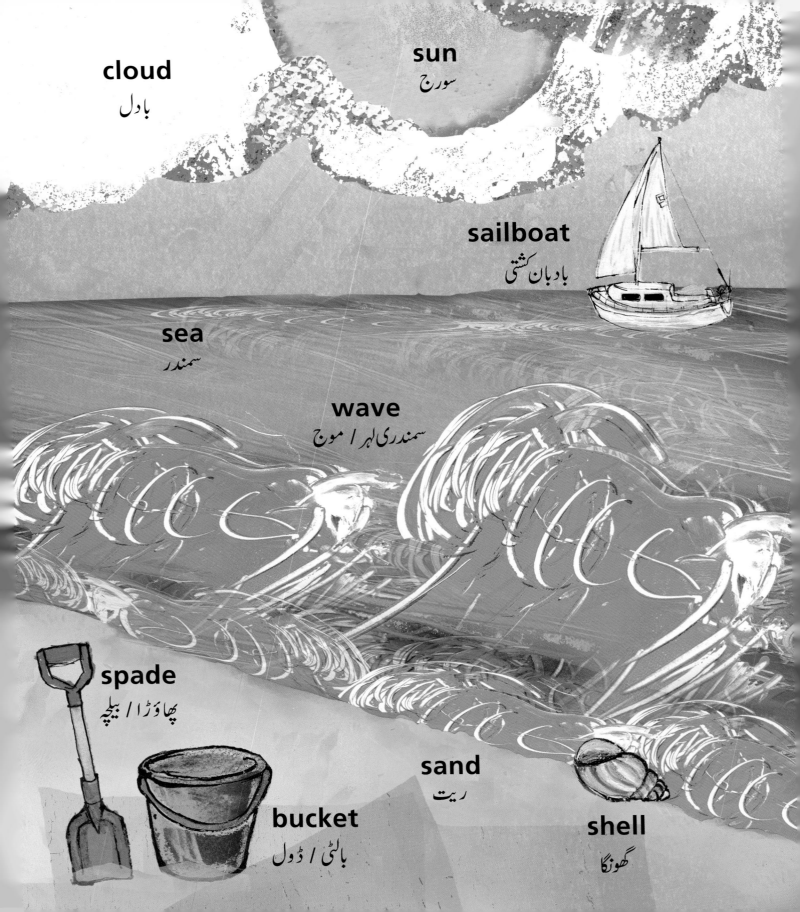

**cloud**
بادل

**sun**
سورج

**sailboat**
بادبان کشتی

**sea**
سمندر

**wave**
سمندری لہر / موج

**spade**
پھاوڑا / بیلچہ

**bucket**
بالٹی / ڈول

**sand**
ریت

**shell**
گھونگا